AF356640

# EXPOSITION DE TABLEAUX

## au Musée Royal

### DU LOUVRE.

---

# MODE D'INDICATION

### DU PLACEMENT DES OUVRAGES

## DE PEINTURE, SCULPTURE, ETC.;

#### SUIVI

## D'UN SPECIMEN

## D'UNE CLASSIFICATION MÉTHODIQUE

### DE CES MÊMES OUVRAGES,

suivant les sujets qu'ils représentent,
d'après l'énoncé du Livret.

#### PAR

## F. M. Foisy et O. A. Barbier,

de la Bibliothèque royale.

---

# PARIS,

## IMPRIMERIE DE E. DUVERGER.

—

### 1837.

Extrait, pour la plus grande partie,
du journal *la Phalange*, N° 25,

(1<sup>re</sup> Année, Tom. 1<sup>er</sup>. — 10 mars 1837.)
In-4°, col. 805-813.

On *s'abonne à ce journal, rue Jacob, n. 54.*

Le Livret publié par le Musée donne l'indication des Tableaux exposés , dans l'ordre alphabétique des Artistes, et sous un numéro d'ordre 1, 2, 3, etc. Cette méthode a cet avantage, qu'à la vue du chiffre d'un Tableau, on en trouve promptement l'indication dans le Livret ; mais elle ne saurait par elle-même donner l'emplacement d'un Tableau quelconque. C'est pour remédier à cet inconvénient que nous avons soumis à l'approbation du Musée un *Mode d'indication du placement des ouvrages de Peinture, Gravure, etc., exposés au Musée royal du Louvre par les artistes vivants* (1).

Quelques journaux, entre autres *l'Artiste* et le *Journal des Artistes*, ont approuvé les idées que nous avions émises dans cet opuscule, et les ont reproduites en partie dans leurs numéros du 26 février.

La *Phalange* se disposait aussi à les reproduire, lorsqu'elle eut connaissance de notre second travail. Notre ami, M. CONSIDERANT, voulut bien alors nous donner asile pour un *specimen* de ce travail nouveau. Ce que nous en remîmes à l'imprimeur dépassant de beaucoup la place que l'hospitalité bienveillante de la *Phalange* nous offrait, nous avons

(*) In-8°; tiré par épreuves, à un petit nombre d'exemplaires.

supprimé la Topographie étrangère, que nous donnons aujourd'hui. La précipitation mise dans l'impression d'un numéro de journal n'a pu nous permettre de donner à notre travail une meilleure disposition typographique. Toutefois, ce tirage à part aura été revu et augmenté; mais nous n'en demandons pas moins pour lui l'indulgence du public.

Nous recevrons avec plaisir les observations que l'on voudra bien nous communiquer.

# DISPOSITION D'ORDRE

DANS LES EXPOSITIONS PUBLIQUES.

---

Il y a, tous les ans, plus de *deux mille* Tableaux exposés au Louvre.

Le Livret, publié par les soins de la Direction du Musée, en donne la description, mais il n'indique point la place assignée à chacun d'eux. On se borne à dire : « La Peinture est exposée « dans la première Salle d'entrée, le grand Salon et la grande « Galerie. » Une indication aussi succincte est tout-à-fait insuffisante.

Aussi, à l'ouverture du Salon, il n'est personne qui n'ait entendu, autour de soi, des artistes se dire : « Avez-vous exposé ? — Oui. — Et où êtes-vous ? — Je n'en sais rien encore ; je cherche..... » Des amateurs : « Avez-vous vu le Tableau d'*un tel ?* — Non ; je ne l'ai pas encore trouvé. » Telle personne qui s'est fait peindre : « Décidément, je ne sais où l'on m'a mis ! »

C'est-à-dire que ni les artistes, ni les propriétaires des Tableaux envoyés à l'Exposition, ni les amateurs, — excepté un petit nombre de personnes, — ne connaissent, à Livret ouvert, l'emplacement réel de leurs ouvrages ou des Tableaux auxquels ils s'intéressent le plus particulièrement, et sont ainsi réduits à chercher au hasard dans toutes les salles, plus ou moins longtemps.

Les Tableaux de grandes dimensions, étant plus visibles, se trouvent assez facilement, non toutefois sans tàtonnement. Mais les petits Tableaux ? par exemple, pour ne citer que ceux-là : le *Galilée,* la *Sainte Amélie* de DELAROCHE, au Salon de 1834, le *Bon Gendarme* de Biard, à l'Exposition de 1835? Beaucoup d'amateurs les ont cherchés assez longtemps avant de pouvoir les admirer.

Et au bout d'un mois, quand on connaît à peu près les localités, survient un déplacement qui change une grande quantité de Tableaux, et force à recommencer l'étude locale.

Jusqu'à ce jour il y a eu, en général, impossibilité absolue de trouver tout d'abord un Tableau quelconque. Cela est fâcheux et demande une amélioration.

*Mais* (dira-t-on peut-être) *comment voulez-vous faire?*

*Placer les Tableaux dans l'ordre du Livret, c'est chose impossible :*

*Il faut avoir égard à l'inégalité de leurs dimensions, et surtout au jour différent sous lequel chacun d'eux demande à être vu;*

*Et quant au grand déplacement, il n'est fait que dans l'intérêt des artistes : pour mettre en évidence, ou dans un jour plus favorable, des Tableaux jusque-là inaperçus ou placés moins avantageusement.*

*Comment voudriez-vous donc faire autrement?*

Ces objections sont fondées, nous en convenons; mais voici notre réponse. Tout en conservant le mode actuel de ranger les Tableaux, et le grand déplacement qui a lieu pendant la durée de l'Exposition, la Direction du Musée ne pourrait-elle pas faire ceci?

*Premièrement :*

Considérant toute l'étendue des Salles de l'Exposition, à gauche et à droite, *comme une seule rue*, on les distribuerait en un certain nombre d'*emplacements* ou de *divisions* (n'importe le nom), de 10, 20 pieds de longueur, plus ou moins, suivant les dimensions des Tableaux y compris. — Ces divisions seraient numérotées 1, 2, 3, 4, 5.... Il n'y aurait qu'une seule série. Les *numéros impairs* seraient *à gauche*; les *numéros pairs à droite*, *à commencer par l'entrée.*

Le numéro de chaque division serait écrit, en gros chiffres, sur une étiquette, au haut et au bas de la ligne verticale (fictive) qui déterminerait les limites des divisions.

*Secondement :*

A la fin du Livret, on consacrerait quelques pages à une liste qui contiendrait, en deux petites colonnes, — d'une part, les numéros des Tableaux, rangés en ordre, depuis 1 jusqu'au dernier, — et, en regard, le numéro de la division des Salles où chaque Tableau se trouverait. Et comme les petits Tableaux, placés *en bas*, sont moins faciles à retrouver, on indiquerait plus particulièrement leur place par un signe de convention, ajouté au numéro de la division locale, par exemple, *b*. (pour *bas*).

Ainsi :

| tableau : division | tabl. : divis. | tabl. : divis. | tabl. : divis. | tabl. : divis. |
|---|---|---|---|---|
| 1    227 | 6    8 | 11    91 | 16    11 *b*. | 21    11 |
| 2    10 | 7    54 | 12    130 | 17    12 | 22    27 |
| 3    71 *b*. | 8    17 | 13    17 | 18    121 | 23    38 |
| 4    137 *b*. | 9    93 | 14    9 *b*. | 19    74 | 24    3 |
| 5    92 *b*. | 10    7 *b*. | 15    37 | 20    43 | *etc.*    *etc.* |

*Deux cents* Tableaux pourraient être indiqués dans une seule page de la grandeur du Livret ordinaire.

Lors du déplacement, on ferait un nouveau tirage de cette Table concordantielle, après les corrections nécessaires ; et on la donnerait gratis, comme un supplément, ou on la vendrait, si l'on veut, quelques centimes.

Il n'y a que la DIRECTION DES MUSÉES ROYAUX qui puisse faire cette *Table* si *utile* ( nous pourrions dire *indispensable*), parce qu'il faut que sa confection soit la conséquence du travail préalable, des *divisions locales* que nous demandons.

Cette Table indiquant, dans la seconde colonne, la place exacte de chaque Tableau (à quelques pieds près), quel que soit le Tableau que l'on pût désirer voir de préférence, on pourrait le trouver sur-le-champ en allant à l'endroit désigné.

Il nous semble que ce mode d'indication, que nous proposons avec confiance à la sanction de la DIRECTION DES MUSÉES ROYAUX, est aussi simple qu'avantageux à adopter.

« Parmi les améliorations ( fait remarquer le journal *la Phalange*, après avoir reproduit ce qui précède*) que l'on peut apporter aux Expositions de Peinture, la première, et la plus simple sans contredit, était celle que MM. Foisy et Barbier ont proposée à l'administration du Musée et que l'on vient de lire.

« Une autre amélioration non moins désirable serait le *classement systématique* des articles du livret. L'on en comprendra facilement l'utilité par l'extrait que nous donnons du travail de MM. Foisy et Barbier sur le Livret du Salon de 1837. Il deviendra évident pour tous, en y jetant les yeux, que ce travail, fort curieux en lui-même, ne peut cependant avoir d'utilité réelle et pratique, maintenant, que si l'on a la facilité de trouver dans les galeries du Musée les tableaux que l'on cherche ; en un mot, si les tableaux ont une place connue. MM. Foisy et Barbier en sont plus convaincus que personne, et, malgré la non-adoption de la mesure par eux proposée, ils n'en ont pas moins fait en entier le classement systématique du Livret de cette année. Nous présentons, du travail ingrat, long et difficile auquel se sont livrés ces messieurs, travail qui probablement restera en manuscrit, un spécimen qui donnera une idée de l'intérêt qu'il pourrait avoir. »

* (N° 25, col. 806.)

*

# CLASSIFICATION METHODIQUE

DES OUVRAGES

## DE PEINTURE, SCULPTURE, ETC.

## SPECIMEN.

**TOPOGRAPHIE DE LA FRANCE
ET DES PAYS ÉTRANGERS.**

*

## STATISTIQUE DE L'EXPOSITION.

Plusieurs journaux ont donné, mais inexactement, quelques chiffres de statistique sur l'Exposition. Le tableau suivant peut servir à les rectifier.

Le Livret de l'Exposition se compose de 2130 numéros *a)* qui comprennent les ouvrages de 1061 exposants répartis comme il suit :

| | | | |
|---|---|---|---|
| Hommes. . . . . 895 *b)* | | De l'étranger. . . . 18 *d)* | |
| Dames . . . 69 } 166 *c)* } 1061 | | Des départements. 66 *e)* } 1061. | |
| Demoiselles. 97 | | De Paris. . . . . 977 | |

| | Peinture. . . . | Sculpture. . . | Architecture. | Gravure. . . . | Lithographie. | | |
|---|---|---|---|---|---|---|---|
| *a)* Nombre des articles. | 1865 | 131 | 57* | 61 | 36. | | Total, 2130. |
| *b)* Nombre des artistes. . | 752 | 71 | 11 | 37 | 24 | — | 895. |
| *c)* . . . . . . . . . . . | 163 | | | 3 | | — | 166. |
| *d)* . . . . . . . . . . . | 17 | 1 | | | | — | 18. |
| *e)* . . . . . . . . . . | 60 | 3 | 1 | | 2 | — | 66. |

* Ces 37 articles ou numéros comprennent 17 plans ou projets et leurs détails.

# TOPOGRAPHIE.

—

## FRANCE,

PAR DÉPARTEMENTS.

**Ain.** Tombeau de Marguerite de Savoie dans l'église de Brou, à Bourg ; aquarelle, 1579. *J. Roberts.*

**Aisne.** Paysage : vue d'une tannerie, 73. *Am. de Beauplan.*

**Allier.** Vue prise sur les bords de l'Allier, 1216. *Leroy (Louis).*
Intérieur de l'église de Souvigny, 2106, lith. *Chapuy.*

**Alpes (Hautes).** Lagrave, 881. *Grandjean.*

**Alpes (Basses).** Vue prise près Sisteron, 882. *Grandjean.*
Vue des Alpes, 925, *Guindrand.* (Voy. Suisse.)
Vue prise dans les Alpes françaises, au lieu dit le Bout-du-monde, dans le ravin d'Alleva. Dans le fond se développe le glacier du Gleisin, 848. *A. Giroux.*

**Ardèche.** Vue de Viviers (bords du Rhône), 1081. *A. Lapito.*
Vue des ruines de l'ancien château de Viviers, 760. *A. Francey.*

**Ardennes.** Village de Château-Regnault, sur la Meuse, 960. *Ed. Hostein.*
Vue du cours de la Semoy, près de Mont-hermé, 959. *Ed. Hostein.*
Ancienne abbaye de la Val-Dieu, 961. *Ed. Hostein.*

**Aube.** Paysannes des environs de Troyes, 1757. *Valton.*
Repos de chasse ; site pris aux alentours de Brienne-le-Château, 1521. *B. Reynaud.*

**Aude.** Plage du Portel, 855. *Henri Gobert.*
Paysans du village de Portel, 1470. *Ed. Pingnet.*
Matelots du Portel, 856. *Henri Gobert.*
Vues de Languedoc ; lith.., 2126. *L. Sabatier.*
Vue prise, d'après nature, dans le midi de la France ; effet du soir, 227. *Chr. Brune.*

**Aveyron.** Usine......; aquarelle, 1416. *Pernot.*
Vue prise au bois du Fond, 1552. *Th. Richard.*
Vue de Saint-Jean-du-Bruel; aquarelle, 462. *J. J. de Bez.*

CALVADOS. Vue de l'entrée d'une forêt, près Bayeux, 244. *Mlle Eul. Caillet.*

Vue de l'église Sainte-Croix, à Bernay, près Lisieux; jour de marché, 793. *Hip. Garnerey.*

Chaumière en ruines; environs de Caen, 1269. *Malbranche.*

Vue prise à Caen ; aquarelle, 1686. *Eug. Soules.*

Ancien hôtel des monnaies, à Caen, 593. *Hip. Duflocq.*

Vue des monts Castres, près Cherbourg, 1345. *Moret-Sartrouville.*

Études d'une maison du seizième siècle, à Lisieux, lithogr., 2102. *Challamel.*

Une chaumière à Port en Bessin, 247. *Mlle Eul. Caillet.*

La Touque; environs de Trouville, 1253. *Em. Loubon.*

Vue d'une ferme à Touques, 138. *Boc de Saint-Hilaire.*

CHARENTE-INFÉRIEURE. Vue de Saintes, 2109. lith. *Deroy.*

CORRÈZE. Vue de la ville d'Uzerche, 1827. *Mme de Vins-Peysac.*

CORSE. Projet de piédestal pour la statue de Napoléon, à Ajaccio; archit. 2010. *J. B. Dédébano.*

Vue prise à Olmeto, 1083. *A. Lapito.*

CÔTE-D'OR. Le mont d'Or ; aquarelle, 1558. *W. Richard.*

Vue du mont-d'Or, prise de la vallée de Chambon, 1237. *Al. Loisel.*

Ravin dans les monts d'Ores, après un orage, 1215. *Louis Leroy.*

CÔTES-DU-NORD. Vue prise à Dinan, en face Saint-Malo; étude, 343. *E. Cibot.*

Vue de Dinan, 425. *Dagnan.*

CREUSE. Vue prise près d'Argenton sur Creuse, 1743. *Troyon.*

Vue prise au château de Ville-Bussières, 1783. *J. Veillat.*

DOUBS. Maison sur la route de Beaume-les-Dames, à l'entrée du village de Maule ; effet de neige, 991. *C. Jacquand.*

Moulin suspendu de Fertans, aux environs de Besançon ; aquarelle, 732. *Sim. Fort.*

Moulin de la Royche, effet de neige, 992. *C. Jacquand.*

DRÔME. Vue de la vallée de Bièvre ; soleil couchant, 329. *Chéret.*

EURE. La grande maison aux Andelys, démolie en 1820 ; dessin, 629. *A. Durand.*

Vue de la rivière de Broglie, 656. *Esbrat.*

Vue prise à Lions, 1608. *Ph. Rousseau.*

Vue prise derrière la cathédrale de Louviers, 794. *H. Garnerey.*

Barque rentrée à la côte ; environs de Quillebœuf, 435. *Danvin.*

Vue de Vernon ; aquarelle, 1025. *Jung.*

Vue des bords de la Seine, aux environs de Vernon ; soleil couchant, 654. *Esbrat.*

**Eure-et-Loir.** Vue prise à Chartres ; aquarelle, 1102—1685.
Vue prise à Chartres, du côté de la ville basse, 1539.
La cathédrale de Chartres ; vue prise de la place des Eparts, 1030.
Étude historique sur l'architecture du moyen-âge ; peinture sur verre du dix-neuvième siècle, prise dans la cathédrale de Chartres, *lithogr.*, 2024.
Incendie de la cathédrale de Chartres, en juin 1836, vers minuit, 752,—1415.
Escalier de la Maison des Ecuyers, à Chartres; dessin, 630.
Vue du carrefour de la Porte Guillaume, à Chartres ; dessin, 632.
Vue prise dans un parc, près d'Illiers, 754.
Vue du pavillon de Sorel et de la vallée de ce nom, 753.

**Finistère.** Vue de la Roche-Morice, (route de Brest), 355.
Autre vue de la route de Brest, 356.
Maisons de pêcheurs, rivière de Châteaulin, 1023.
Le port du Conquet, 1022.
Vue de Paimpol, près de Saint-Pol de Léon, marée basse, 827.
Vue prise sur la côte de Plougastel, 1819.
Vue prise aux environs de Quimperlé, 1822.
Porte de l'église de Saint-Corentin, à Quimper, 669.
Vue de Saint-Pol de Léon, 1634.
Vue prise dans le cimetière de Saint-Pol de Léon, 1636.
Ruines de l'abbaye Saint-Mathieu, 1021.

*Bretagne.*—Ruines du château de Tournoël, à Chabrol-Crousol ; effet du matin, 589.
Vue d'une vallée, sur les bords de la mer, en Basse-Bretagne, 1820.
Côtes de Bretagne, 1344.
Les environs d'une usine, vue prise en Bretagne, 1004.
Famille Bretonne, après un incendie, d'après M. Eugène Devéria, *grav.*, 2055.
Les sonneurs Bretons, 414.
La prière Bretonne, 742.
Départ pour le baptême Breton, 741.

**Gard.** Vue prise d'après nature du Buscaiou sur la rivière d'Arre au Vigan, 459.
Vue de la petite route du Tholonet ; environs d'Aix, 1247.
Vue d'une filature de coton à Tissan, 460.
Vue du moulin de Montardier près le Vigan ; aquarelle, 461.

**Landes.** Vue du château à Pouy, 1572.

**Loir-et-Cher.** Intérieur de la cour du château de Blois sous
François 1er, 829.
Vue des château et ville de Mont-Richard, sur le Cher;
aquarelle, 261.

**Loire.** Vue prise aux environs de St-Etienne, en Forez, 1486.

**Loire (Haute).** Ruines de l'ancien château féodal de Bouzols, 1728.
Vue prise à Bouzols, 1729.
Ancienne abbaye de Doue, près la ville du Puy, 1726.

**Loire-Inférieure.** Vue du château de Cassen près Nantes, 1635.
Vue du château de Clisson, 826.
Vue du cours de la Loire, à Oudon, 524.
Vue des bords de la Loire, 166.
Vue des diverses sites des rives de la Loire, 85, 2111.

**Loiret.** Vues prises à la Ferté-Saint-Aubin, près Orléans, 1741,
1742.
Vues d'Orléans, *lith.*, 2109.
Environs d'Orléans, 824.
Maison de l'Annonciade, à Orléans; où Jeanne-d'Arc lo-
gea, en 1429; aquarelle, 1515.
Chaumieres au bord du Loiret, 825.
Vue prise dans le département du Loiret, 1315.

**Lozère.** Cour de fer du château de la Caze, 1278.
Rives du Tarn, à la Caze, 1277.
Souvenirs de Saint-Chely, sur les bords du Tarn, 1553.
Vue prise dans le département de la Lozère, 7.

**Maine-et-Loire.** Le château de la G. en Anjou, 780.

**Manche.** Maisons à Saint-Lô, 1309.
Vue d'une chaumière, près Granville, 245.
Vue de Coutances, *lith.*, 2109.
Pilotes de Saint-Vaast-la-Houge, allant au secours d'un
brick anglais en dérive, 1738.
Port de Saint-Vaast-la-Hougue; marée basse; soleil cou-
chant, 1624.
Fort de l'île Tatihou, vis-à-vis Saint-Vaast; haute mer au
matin, 1425.

**Marne.** Vue de l'abbaye de Saint-Jean-des-Vignes, à Sois-
sons, 1825.
Vue des bords de la Marne, 237.

Restauration de l'église abbatiale de Saint-Remi , 2013, 2016.

MARNE (Haute). Paysage, ruines du fort de la Fauche, canton de Saint-Blanc, 1326.
Vue de la ville de Bourbonne-les-Bains, 1828.

MEURTHE. Vue des environs de Nancy, 686.
Vallon de la Meurthe, près Lunéville ; soleil couch., 1641.

MEUSE. Souvenir de la Meuse, 1814.
Vue des bords de la Meuse, 235.

NIÈVRE. Vue générale de la ville de Lormes, prise à l'entrée du bois du Four, 1235.
Vue de la tour du maréchal de Vauban ; dessin au crayon, 1428.
Vue du château de Vendenesse ; aquarelle, 1426.

NORD. Vue prise du pont Rouge, sur l'Escaut, et du marais de Selle, à Cambrai, 1503.
Vue de Valenciennes ; aquarelle, 350.
Rives de l'Escaut, près de Valenciennes, 348.
Houillière d'Anzin, près de Valenciennes, 349.
Habitation de tourbiers en Flandre, 743.

OISE. Vue de la vallée d'Attichy, arrosée par la rivière d'Aisne, prise du versant occidental des Beaux-Monts (forêt de Compiègne). 1411.
Intérieur d'une cour, dans les environs de Beauvais, 506.
Vue d'une forêt, prise dans les environs de Beauvais, 504.

—

Hôtel-de-ville et une porte de l'arsenal de Compiègne, 1423.
Hôtel-de-ville de Compiègne ; *lith.* 2199.
Environs de Compiègne, 704.
Vue prise dans la forêt de Compiègne ; étude, 609.
Clairière dans la forêt de Compiègne, près Saint-Corneille ; étude d'après nature, 188.
Vue prise au carrefour Saint-Hubert, forêt de Compiègne, 216.
Maison de garde, (forêt de Compiègne), 90.
Vues prises dans la forêt de Compiègne, 1680, 328.
Autre vue : LL. AA. RR. les ducs d'Orléans et de Nemours, revenant du camp, 1571.
Intérieur d'une cour ; environs de Compiègne; aquarelle; 549.

—

Vue de Crespy-en-Valois, 1391.
La maison du garde, vue prise près Senlis, 782.
Vue prise dans la vallée de Senlis, près Chevreuse ; effet du soir, 385.

Vallée de Chevreuse ; étude , 1219.
Vue prise à Gisors, 715.
Vue des environs de Gisors ; matinée d'automne, 1226.
Vue du château de Pierrefonds ; aquarelle, 1514.
Souvenir de Pierrefonds ; effet de brouillard, 1228.
Chemin du Rocher, à Pierrefonds, 473.
Vue prise à Saint-Waast - de-Longmont , près Verbe-
rie, 807.
Vue du port Salut, sur le bord de l'Oise, à Verberie, 806.

ORNE. Vue prise dans la forêt de L'Aigle, 1573.
Vue d'un bocage, aux environs de L'Aigle , 657.
Vue d'un moulin, aux environs de L'Aigle , 655.
Vue prise dans la forêt de Bélesme ; effet d'automne ,
aquarelle ; 273.
Vue prise à Réveillon, 1294.

PAS-DE-CALAIS. Rade de Boulogne-sur-Mer, 345.
Vue de la route de Saint-Omer à Desvres, 860.

PUY-DE-DÔME. Porte de la petite ville de Besse, 904.
Vue de la ville de Riom, 709.
Vue de Clermont, prise du village de Royat, 707.
Vue de Royat ; aquarelle, 1555.
Vue prise à Royat : aquarelle, 367.
Vue prise sur la route de Clermond-Ferrand à Chamillière;
aquarelle, 1031.
La place de Royat , près Clermont-Ferrand , 1029.
Paysage ; étude prise dans le hameau appelé les Termes ,
876.
Vue du pont Saint-Jean, à Thiers ; aquarelle, 842.
Vue de la ville de Thiers, 708.
Vues prises en Auvergne ; dessins à la plume , 136.
Vue prise en Auvergne, 736.
Site de la Limagne ; paysage composé ; aquarelle , 965.

PYRÉNÉES (Basses). Pont des Cordeliers , à Pau ; étude d'après
nature , 670.

PYRÉNÉES (Hautes). Vues prises dans les Pyrénées , 8 . 1864.
Un Béarnais ; étude d'après nature , 1113.
Un Bohémien ; idem , 1114.
Vue de l'église de Saint-Savin et de la vallée d'Argelez ,
dans les Pyrénées ; aquarelle , 1802.
Autre vue , 429.
Vue prise dans le vallon de Cauterets , prise du pont ;
aquarelle , 262.
Intérieur d'une étable ; costumes des Pyrénées , 1055.

Rhin (Bas-). Place de Schelestadt, 1031.

Rhin (Haut-). Projet de piédestal pour la statue du général Klé-
ber, à Strasbourg; architecture, 2011.
Ruines sur les bords du Rhin, effet du soir; aquarelle,
1085.

Rhône. Vue prise près Lyon, 228.

Rhône (Bouches-du-). Environs d'Aix en Provence, 70.
Vue prise aux environs de Marseille; aquarelle, 399.

Saône-et-Loire. Vue générale de Châlons-sur-Saône, 1507.
Jeune fille des environs de Mâcon; étude, 528.
Ruines du château de Montpéroux; aquarelle, 1427.

Sarthe. Intérieur d'école du bourg de la commune de Saint-
Denis-du-Chevin, 1591.
Vue de la cathédrale de Saint-Julien, prise de la place du
Château, au Mans, 971.
Étude prise auprès du Mans, 1005.

Seine. Vues de Paris, 2095.
Vue prise près le pont d'Austerlitz; aquarelle, 1144.
Vue prise de l'île Louviers; aquarelle, 1154.
Vue prise de la galerie des Colonnes à Notre-Dame; li-
thographie, 2103.
Vue prise en regardant le pont d'Austerlitz, galerie du
Bourdon, à Notre-Dame; lithographie (*Paris au* xix<sup>e</sup>
*siècle*), 2104.
Deux vues panoramiques de Paris, prises : l'une de la
tour Saint-Jacques-la-Boucherie, l'autre de la tour
Saint-Gervais; lithographie, 2100.
Vue prise à Chaillot, 1316.
Vue prise du mont Valérien; aquarelle, 1024.
Vue prise des hauteurs de Meudon, 1207.

—

Vue de Notre-Dame de Paris; aquarelle, 89.
Vue de l'église Saint-Germain-l'Auxerrois, 1370.
Vue intérieure du porche de Saint-Germain-l'Auxerrois,
1782.
Vues intérieures de l'église Saint-Étienne-du-Mont, 51;
897, aquarelle.
Une chapelle d'une église de Paris : instruction pour une
première communion, 339.
Vue de la tour Saint-Jacques-la-Boucherie, 1999; ar-
chitecture.
Intérieur de l'église Saint-Severin, 830.
Vue du pont Notre-Dame : effet de clair de lune, 1111.

Henri IV sur le Pont-Neuf, statue équestre, *gravée su* ·
pierre fine, d'après Andrieux, 2036.

Vue du cours de la Seine à Paris, près du Pont Royal; effe.
de clair de lune, 1562.

Vue du projet d'agrandissement de l'Hôtel-de-Ville de
Paris, d'après les plans de MM. Godde et Lesueur, ar-
chitectes, 1997, 1998; archit.

Bas-reliefs de la Chambre des Députés, gravure ; 2081.

Projet d'emplacement pour l'obélisque de Lousqsor, 2009;
architecture.

Érection de l'obélisque de Louqsor ; esquisse, 571.

Elévation de l'obélisque; aquarelle, 212.

Constructions exécutées au Muséum d'histoire naturelle :
architecture, 2029, 2030, 2031.

Ornements gravés et coloriés, pour la chambre de Marie
de Médicis, dite du Livre d'Or, au palais du Luxem-
bourg; gravure, 2048, 2049.

Projets d'un édifice (de palais, de salles), pour les *expositions* des produits *de l'industrie* et des beaux-arts, à
élever : A l'entrée des *Champs-Elysées* (et projet d'em-
bellissement des Champs-Elysées), 2017 à 2023 ; — El
face de la place de la Concorde, 2001 à 2007 ; — Sur la
place du *Carrousel*, 2025 à 2028 : archit.

Trente projets, résumés dans un plan de galeries ellip-
soïdes (propres aux expositions de l'industrie ), pour
opérer la réunion du Louvre aux Tuileries ; architecture, 2012.

Un projet de colonne en l'honneur de la monarchie fran-
çaise, portant la statue équestre du roi Louis-Philippe Iᵉʳ;
architecture, 2108.

———

Environs de Paris, 888.

Vue des environs de Paris ; soleil couchant, 1227.

Vue prise aux environs de Paris, 1582.

Promenade aux environs de Paris ; aquarelle, 451.

Vue prise près d'Argenteuil, 74.

Vues du château de la Tuilerie, près Auteuil, 1563, 1564.

Les Maronniers, à Bercy, au moment de la dernière inon-
dation, 705.

Vue du petit Bicêtre ; moissonneurs en repos, 1703.

Ancienne église à Bourg-la-Reine, 918.

Vue prise sur le chemin de Malabry, près de Sceaux, 664.

Vue prise à Saint-Denis, sur les bords de la Seine, 396.

Vue d'un lavoir, prise à Saint-Denis, 1224.

Vue intérieure de l'abbaye Saint-Denis et de la maison
royale, 438.

Médaille du chemin de fer de Paris à Saint-Germain ; côté
principal et revers, 2037 (2).

Vue prise sur Montmartre en regardant l'île St.-Denis, 608.

SEINE-INFÉRIEURE. Vue du Château-Gaillard et des Andelys, prise en face de l'hospice fondé par le duc de Penthièvre, 1020.

Vue de l'église Sainte-Clotilde, aux Grands-Andelys; dessin, 1734.

Vue d'une cour, à Aumale, 139, 703.

Prairie, aux environs d'Aumale, 706.

Moulin à tan, à Blangy, 403.

Le moulin de Brisepot, en Normandie; soleil couchant, 702.

Intérieur de l'église de Caudebec, prise de l'entrée de la sacristie, 949.

Vue des environs de Caudebec, marée descendante, 1682.

Paysage; vue de l'église de Criquebœuf, près Honfleur, 975.

Vue prise aux environs d'Elbeuf, bords de la Seine, 40.

Vue d'une grotte à Étretat, marée basse, 638.

La prairie et le château d'Eu, vue prise à Tréport, 434.

Un intérieur de cour à Harfleur, 1090.

———

Vue du Havre, de l'embouchure de la Seine et des briqueteries du Perray, prise au-dessus du village de Sainte Adresse, 1205.

Vue du Havre; aquarelle, 955.

Vue du Havre; lithographie, 2109.

Vue de l'entrée du port du Havre, (20 septembre 1836); 835.

Vue de l'entrée du Havre, prise en mer, 788.

Vue prise aux environs du Havre, 566.

Vues prises à Honfleur, 604, 1208.

Une naissance dans une famille de pêcheurs, à Honfleur, 229.

Bateau à vapeur, tâchant de relâcher à Honfleur, 1199.

Vue des ruines de l'abbaye de Jumièges, 1561.

Vue prise à Lillebonne, 1487.

———

Vue générale de Rouen, 1172.

Vue de Rouen; aquarelle, 954.

*Idem*, lithographie, 2109.

Vue de Rouen, prise de la petite chaussée, 1028.

Vues de Saint-Maclou, de la Fontaine, de la Croix de Pierre, de l'hôtel du Bourg-Théroulde, de la grosse horloge à Rouen; lithographie, 2110.

Vue prise près du télégraphe, sur la côte Sainte-Catherine, à Rouen, 1609.

Vue de la cathédrale et de la place de la Calandre, à Rouen, 52.

Ancienne chapelle de l'Albane, attenant à la cathédrale de
 Rouen ; étude, 735.
Eglise de Saint-Maclou, à Rouen ; aquarelle, 319.
La même ; vue extérieure, 948.
Intérieur de rues ; aquarelle, 969.
Sujets divers ; aquarelle, 970.
Rue de Saint-Sauveur, faubourg d'Honfleur, 436.
Souvenir de Rouen, 1153.
Vue prise aux environs de Rouen, 236.
Entrée du château de Tancarville, 1206.

Souvenir de Normandie, 1147.
Petit port, souvenirs de Normandie, 796.
Vue prise en Normandie ; aquarelle, 740.
Chaumière de Normandie, 1198. — Aquarelle, 968.
Hameau en Normandie, 610.
Paysage, site de Normandie, 467.
Une forêt ; vue prise en Normandie, 1003.

Seine-et-Marne. Vue au Bois-la-Ville, 1363.
 Paysage ; site de la forêt de Bondy, 847.
 Vue prise dans la forêt de Bondy ; étude d'après nature, 492.
 Vue prise à Chailly, près de Fontainebleau, 1257.

 Vue de Fontainebleau, 242.
 Vue prise à Fontainebleau, 1075.
 Vue prise à Fontainebleau : dessin à la plume, 135-136.
 Vue prise dans le château de Fontainebleau, 88.
 Vue prise dans les environs de Fontainebleau, 250.
 Repos d'animaux, site de Fontainebleau ; effet du soir, 1074.
 Le bois Bréau ; vue prise dans la forêt de Fontainebleau,
 1217.
 Forêt de Fontainebleau ; arbre, 1431.
 Vue du Bouquet de la Reine, 1710.
 Vue prise dans la vallée de la Solle ; aquarelle, 966.
 Vue prise dans les gorges d'Appremont, 552.

 Vue prise à Gurcy, 133.
 Intérieur d'une maison de paysans, près La Ferté-sous-
 Jouarre, 1536-1537.
 Vue prise près Lagny, 1679.
 La Grange des dîmes, à Provins (abbaye de Preuilly, de
 l'ordre de Saint-Benoît), 450.
 Vue prise à Saint-Leu ; aquarelle, 513.
 Vue prise à Villeneuve-Saint-Georges ; aquarelle, 1325.

Seine-et-Oise. Vue prise sur la route d'Arpajon, 1314.
 Vue prise à la Celle-Saint-Cloud, 417.

Vue prise sur la route de la Celle-Saint-Cloud à Bougi-
 val, 413.
Vue de l'église Saint-Remy, dans la vallée de Chevreuse ;
 aquarelle, 548.
Vue des moulins du quai de la porte Paris, à Corbeil, 426.
Vues prises à Corbeil, 1328-1329.
Vue de Dennemont ; aquarelle, 193.
Vue prise à Dampierre, 1610.
Vue de l'ancienne commanderie du Déluge, 619.
Restauration d'une des salles du château d'Écouen ; aqua-
 relle, 1733.
Vue d'Epônes ; aquarelle, 194.
Vue de l'église de Goussainville, près Gonesse, 1225.
Vue de l'Ile-Adam, prise des hauteurs de Parmain, 476.
Vue prise à l'Ile-Adam, 801.
Vue de l'écluse de l'Ile-Adam, 477.
Ancien moulin à eau de l'Ile-Adam, 478.
Vue près l'arche de Limay ; aquarelle, 195.
Vue prise à Long-Pont, forêt de Villers-Cotterets ; aqua-
 relle, 1086.
Vue de l'église de Longjumeau, 1824.
Vue prise sur l'Yvète, à Longjumeau, 430.
Vue prise à Magny, près Gisors, 716.
Route de Poissy, aux environs de Maisons-Laffitte, 1248.
Vue de Mantes ; aquarelle, 192.
Vue prise à Marly, 1293.
Vue prise dans la forêt de Marly, 1501.
Site des environs de Marly, 617.
Vue prise à Montmorency ; étude d'après nature, 123.
Vue prise dans la forêt de Montmorency ; aquarelle, 514.
Forêt de Montmorency ; étude, 347.
Vue prise à Morsang-sur-Seine, 639.
Vue d'une ferme, à Parmain, 479.
Vue de la vallée de Pony, près Versailles, 1637.
Porche de l'église Saint-Louis, à Poissy ; aquarelle, 432.
Vue des étangs de la Ramée, dans la forêt de Villers-
 Cotterets, 1829.
Vue des environs de Saint-Cloud, 1170-1171.
Vue prise à Saint-Germain : soleil couchant, 330.
Vue du château de Saint-Jean-de-Beauregard, 618.
Vue prise à Saulxscié, près Longjumeau, 1764.
Vue prise à Senlisse, près Dampierre, 416.
Vue de la porte du hameau à Trianon ; effet du matin, 546.
Eglise de Vetheuil ; aquarelle, 1276.
Intérieur d'une laiterie à la Ville-du-Bois, 431.
Vue prise à Ville-d'Avray, près Saint-Cloud, 620.


SOMME. Vue de la ville d'Abbeville, 1847.

Vue de l'église de Saint-Wulfram, à Abbeville ; dessin, 1734 (2).
Vue prise à Amiens, 1823.
Vue de la cathédrale et du port du Don, à Amiens, 50.
Tour du chœur de la cathédrale d'Amiens (bas-relief tiré de l'histoire de saint Jean-Baptiste), dessin, 1734.
Plan, coupe, élévation et détails de la cathédrale d'Amiens (pour un travail sur les monuments religieux au moyen-âge, règne de Philippe-Auguste), *archit.*, 2033.
Vue du bourg d'Autz, en Picardie, 573.
Vue prise à Saint-Valery, 1223.
Intérieur du port de Saint-Valery-sur-Somme, 489.
Couronnement de la première rosière, par saint Médard, à Salency..... 627.
Vues prises en Picardie, *lithog.*, 1803, 2126.

VAR. Route du Muy, 1254.
Vue prise dans la rade de Toulon, effet du soir ; aquarelle, 400.
Vue des gorges d'Ollioules, prise en venant du Beausset ; dans le fond, le château d'Evenos ; aquarelle, 397.

VAUCLUSE. Place aux Herbes, à Lisle, 1101.
Vue de la cathédrale d'Avignon, 1222.

VIENNE. Vue de Poitou, *lith.*, 2109.

VOSGES. Souvenir des Vosges, 605.
Vue prise à Gerardone ; aquarelle, 1031.
Vallée de Grange ; épisode de 1793 : 1268.
Vue de la vallée de Munster, prise sur le Honack, 1266.

YONNE. Fragment de l'abbaye de Dilot, près Joigny, 1429.
Vue de l'église Saint-Martin-du-Tertre, près Sens, 1430.

---

Vues diverses ; *lithogr.*, 2122.
Paysage fixé, 1505.
? Vue du château de Soye ; *aquar.*, 919.
? Vue d'Arrau, *lith.*, 2099.
? Vue prise à Corandelin, 840.
? Vue prise à Iport, 1019.

---

# PAYS ÉTRANGERS.

## ESPAGNE.

Vues diverses d'Espagne ; *lith.* Souvenirs de *Grenade* et de l'Alhambra, 2130, 2198.
Vue intérieure de l'Alhambra, 2105, *lith.*
Vue de la Cour des Lions, à l'Alhambra, 2107, 2067; *archit.*
Site d'Espagne, vallée dans la Sierra-Morena, où se trouve la ville de Chulilla ; scène de Gil Blas; 106.
Combat de taureaux, à Séville, 2078.
Auberge espagnole, 1624.
Une scène de brigands espagnols, 268.
Une jeune Espagnole en prière, 1179.
Berger espagnol (royaume de Valence), 1633.

## ÉTATS GERMANIQUES.

Vue d'un des bâtiments de la douane, à Nuremberg (Bavière); aquarelle, 805.
Tour du château d'Heidelberg ( grand-duché de Bade ), 947.
Vue des bords du Rhin, 511.
Vue prise dans la forêt Noire, à quelque distance du château de Furstemberg, 1366.
Vue de Dresde, 990.

Des Tyroliens se rendent au marché d'Inspruck, 902.
Vue prise aux environs de Bolsano, Tyrol, 1303.
Site du lac de Garda : combat entre des Italiens et des Tyroliens des frontières, 1304.
La ville de Trente, 1305.
Vallée de la Sarça, 1306.
Vallée de Ragatz, dans les Grisons, 903.

Vue prise à Obervesel ( Prusse Rhénane), 739.
Vue sur les bords de l'Elbe, à Teufelsbruke, près Altona ( Holstein), 568.
Vue près de Hanovre, 569.
Une chaumière en Pologne, 1155.

## ANGLETERRE.

Vue sur les bords de la Tamise, à Richemond, 567.
Invalide de la marine anglaise, recevant du genger-beer dans le parc du Greenwich, 644.

Vue du Beachy-Read, dans le comté de Sussex, 1711.
Vue prise dans le Cumberland, 819.
Vue du mont Saint-Michel, à Cornwall, en Angleterre, 2069.
Vue de Stamford, 1860.
Vue prise de la chute de Lowden, dans le comté de Westmore-
land, 1712.
Borrowdale , vue du côté de Honiston-Crag ; même comté, 1713.

Site sauvage de l'Écosse; dessin, 1417.
Vue d'Édimbourg; dessin, 1418.
Vue de Glascow, 789.

PAYS-BAS.

Vue prise en Hollande , 1204.
Souvenir de la Hollande , 574.
Canal de Louvain, 946.
Marine; vue prise au bord du Mordick, 1195.
Vue du château de Laer, 314.
Vue prise aux environs de Delft, 1197.
Vue du Buyten-Kant, Amsterdam, 763.
Environs d'Amsterdam, 790.
Vue d'Amsterdam ; aquarelle, 799.
Paysage traversé par un canal; dans le fond on aperçoit la ville de
La Haye, 368.
Canal aux environs de La Haye , 1196.
Vue prise en Belgique, près Bruxelles, 1372.
Grande place de Bruxelles, 698.
Vue prise en Belgique, 699.
Vue prise en Belgique dans une contrée marécageuse, 963.
Ancien château de Bouillon (Belgique), 958.
Intérieur de l'église de St-Sauveur, cathédrale de Bruges, 1845.
Château de Chockier, près de Liége , 962.
Ruines d'une ancienne maison de Templiers, près Dinant , 1730.
Vue prise en Belgique, aux environs de Gand, 1771.
Canal aux environs de Gand, 946.
Vue prise à Bosteroy sur l'Escaut, effet du matin, 947.
Vue prise sur les bords du Houyon, à Huy, province de Liége ,
29.
Intérieur près Liége, 1628.
Vue prise d'une fonderie de fer près Maubeuge, 1504.
Vue intérieure d'un bas-côté de l'église des Dominicains, à An-
vers, 1664.
Vue de l'Escaut, prise à la tête de Flandres , 1200.
Vue prise à Beurgt, sur les bords de l'Escaut, 1201.

GRÈCE.

Vue des plaines de Messénie, prise à Scala, 41.
Vue du golfe de Coron, prise de la rade de Petalidi, 42.

Le temple d'Auguste, à Athènes , d'après **M. Rémond**; pour
l'Expédition scientifique de Morée, 2057.
Temple de Jupiter, de l'île d'Égine, d'après M. Blouet ; grav., 2066.
Pirates de l'Archipel de la Grèce, 1334.


## PIÉMONT.

Vue du lac et de l'ancien château d'Avigliana, en Piémont, 210.
Vue du lac d'Annecy, en Savoie, 646.
Vue du pavillon du col de Balme, à l'entrée de la vallée de Cha-
mouny, 1632.
Les moulins de Grezi (Savoie ), 1813.


## ITALIE.

Souvenir d'Italie, effet de nuit, 1500.
Un pâtre; souvenir d'Italie, 305.
L'aumône à la sortie de l'église : costumes italiens du quinzième
siècle, 233.
Chansons sous les saules; paysage avec figures en costumes lom-
bards de 1550 : 759.

### GÊNES.

Entrée du port de Gênes, 1696; 1307.
Vue d'une ancienne fortification , dans la principauté de Mo-
naco, 165.

### ROYAUME LOMBARDO-VÉNITIEN.

Intérieur de la cathédrale de Milan; aquarelle, 1100; 1577.
Place Saint-Pierre, à Mantoue, 1096.
Desenzano sur le lac de Garda, 1098.
Site du lac de Garda; combat entre des Italiens et des Tyroliens
des frontières, 1304.
Vue de Malcesine, sur le lac de Garde, 240.
Fariolo, sur le lac Majeur, 1310.
Vue du couvent de la Madona del Sasso, à Locarno; sur le lac Ma-
jeur ; aquar., 1801.
Vue du lac Majeur, près Magadino, 844.

### VENISE.

Grand canal de Venise, au Traghetto de l'académie; aqu.; 1099.
Grand canal. 1861.
Canal Sainte-Marie-des-Miracles, à Venise, 1097.
Intérieur de la basilique de Saint-Marc; aquarelle , 1578.
Sortie d'un bal d'été, au lever du jour, à Venise, 1675.
Porte de l'ancienne sacristie dans l'église des Frari , 803.

Le pont de Rialto, à Venise; parallèle entre les dessins de ce pont par da Ponte et le projet de Palladio, 2032.

### TOSCANE.

Vue prise en Toscane, sur les bords de l'Arno, 107.
Un tribunal civil italien au quinzième siècle, à Pistoïa, dans le palais des podestats, 930.
Intérieur de l'église de San-Miniato a Monte, à Florence, 1422.
Intérieur du palais public, à Sienne, 1588.
Vue de l'église de la Spina, à Pise, 1420.
Principaux monuments religieux de Pise, 1421.
Vue du dôme de Pise, 1419.

### ROME.

Vue intérieure de la basilique de Saint-Jean-de-Latran, à Rome; aquarelle, 802.
Vue prise dans le Colisée, à Rome, 1533.
Vue dans la campagne de Rome, 1776.
Abreuvoir de la campagne de Rome, 317.
Grotte, aux environs de Rome, 843.
Vues prises aux environs de Rome, 1677-78.
La fabrique du Poussin (campagne de Rome), 995.
Etude faite à Rome, 1377.
Etudes faites dans la Villa Pia, à Rome, *archit.*, 2000.
La villa Pia, à Rome, d'après M. Bouchet, 2059.
Vue des Thermes d'Adrien, 1699.
Deux montagnards des environs de Rome, après avoir reçu l'hospitalité dans un couvent, prennent congé du supérieur, 909.
Aveugle près d'une fontaine, route de Rome à Naples, 140.
Vue prise dans les montagnes de la Sabine, 236.
Vue prise à Civita Castellana, 1777.
Vue de la ville de Cornetto (Etats du pape), 1239.
Vue prise à Velletri, 1695.
Vue d'un ermitage dans une ancienne excavation étrusque, près de Viterbe, 105.

### NAPLES. SICILE.

Vue de Naples prise de la mer; on voit le phare, le Château-Vieux et le fort Saint-Elme, 915.
Vue prise de Naples, 443.
Scène de fontaine, près Naples, 1854.
Vue de la cathédrale d'Amalfi, 1778.
Vue de la place d'Amalfi, 1700.
Vue prise à Amalfi, côtes de la mer napolitaine, 1275.
Jeune fille napolitaine; statue en plâtre, 1886
Scène napolitaine, souvenir de la fête de la Madone *Di pie di Grota;* groupe en bronze, 1903.
Vue prise sur le mont Pausilippe, 443.
Le quai de Sainte-Lucie, à Naples, 1027.

Vue de l'ancienne Chartreuse de l'Averne, 398.
Vue prise à Cittara, royaume de Naples, 1775.
Vue des environs de Mola di Gaëta, 1698.
Vue prise sur la route d'Olevano, 1240.
Famille de Sonnino; frontières du royaume de Naples, 199
Vue prise à Vietri, près Salerne, 1697.
Vue prise dans l'île de Capri, royaume de Naples, 21.
Vue prise dans l'île d'Ischia, royaume de Naples, 389
Vue d'une cascade de l'Isola di Sora, royaume de Naples, 122.

Vue du golfe de Palerme, prise du couvent de Baida, 1681.
Vue prise à Palerme, 1002.
Siége épiscopal dans la cathédrale de Palerme, 804.
Vue du détroit de Messine, prise dans le port; effet du matin, 1351.
Vue prise aux environs de Catane, 1765.
Vue prise à Barcelonette, en Sicile, 1238.

—

**GENÈVE.** Tour de la reine Berthe, dit de Bartolo, sur le lac de
Genève, 1702.
Vue du château de Chillon, sur les bords du lac de
Genève, 17. — Autre vue, 1071.
Vue de la perte du Rhône, *lith.*, 2110.
Paysage, vue de Suisse, 1007.
Sortie d'église: costumes suisses du seizième siècle, 712.

### CANTONS DE

**BERNE.** Une vue de Bâle (Alpes pittoresques), *grav.*, 2057.
Débris d'habitations détruites par un torrent, 341.
Vue de la vallée de Meyringen, 1534.
Ruines de Resti-Schloss, près Meyringen, 249.
Un châlet, sur le chemin de la grande Scheideig, 1531.
Vue prise sur les bords de la Birse, 1535.
Vue de Staubach, dans la vallée de Lauterbrunn, 373-374.
Vue prise aux environs de Lauterbrunn, 1400.
Chute de la Birse à Moutiers; étude d'après nature, 372.
Vue prise à Roche, près Moutiers, 375.
Vue prise près d'Interlachen, 371.
Vue des environs d'Interlachen, prise sur le chemin de
Grindewald, 510.
Vue d'une partie de la ville de Thun, 1529.

**FRIBOURG.** Vue de la vallée de Sarine, et de la partie sud-ouest du
canton de Fribourg, 561.
Le pont suspendu, à Fribourg, 562.
Vue de la vallée de Charmé (Gruyère), 43.

NEUFCHATEL. Usine à Serrière, près Neufchâtel ; effet du soir, 1530.
Vue prise à Alpnacher, lac des Quatre-Cantons, 883.

SCHAFFOUSE. Intérieur du village de Stein : animaux groupés autour d'un abreuvoir, 852.
Châlets, à Stein, dans l'Oberland, 851.

UNTERWALDEN. Village suisse ; aquarelle, 1665.
Vue prise au sommet du Righi, du côté de l'Underwald, 846.

VAUD. Vue prise dans les environs de Bex ; aquarelle, 964.
Vue prise à Unterseen, 1008.
Vue prise à Vevay.... 1560.
Vue du lac de Brientz, en Suisse, 422.
Montagnes au soleil couché ; site des Alpes, 911.

### ASIE. AFRIQUE.

Vue des environs du Caucase, 691.
Paysage historique : le Christ au mont des Oliviers, 101.
( Voy. *Histoire Sainte*).
Souvenir d'Egypte, 274.
Monuments du Caire, architecture arabe, d'après M Coste : *grav.*, 2060.
Frégate égyptienne dans une darse, à Alexandrie, 1297.
Vue du tombeau du scheik Abou-Mandour, près Rosette, 1283.

---

Vue prise aux environs d'Alger, 873.
Vue d'Alger, prise du côté de Bab-Azoun, 1862.
Vue d'Alger, effet d'orage ; aquarelle, 1863.
Vue d'Alger, prise de la Pêcherie, 700.
Duquesne délivre les captifs d'Alger : bombardement d'Alger ( juin 1683 ), 116. (Voy. *France*, années 1833-34).
Vue d'Alger, pendant l'attaque de M. l'amiral Duperré (3 juillet 1830), 1343.
Vue des environs d'Alger, 899.
Une forêt dans la province d'Oran, 565.
Egyptien au service des Arabes, en sentinelle, 198.
Bédouin enlevant du champ de bataille le corps de son fils, 1076.
Repos des Arabes du désert, 1162.

---

Tête d'étude ; costume Mauresque, 271.
Jeune femme Mauresque ; étude, 777.
Mauresque à sa toilette ; étude faite d'après nature, à Alger, 1512.
Un harem ; étude d'après nature, 119.

Les adieux de l'hôtesse arabe : « Si tu ne reviens pas, songe, etc. » (*Orientales*, par M. Victor Hugo), 1161.

———

Tête de Nègre ; bronze, 1888.

## AMÉRIQUE, ETC.

BRÉSIL. Vue lointaine de la rade de Rio-Janeiro, prise sur la route de Mantioca, d'après nature, 1041.
Vues prises dans l'intérieur du Brésil, 1126.
Vue d'une partie de l'île Sainte-Catherine (Brésil), prise des hauteurs qui dominent le fort Santa-Cruz, sur l'île Antratomirius, 613.
Vue de la Gabia et des montagnes environnantes, prise de la porte Guaraliba, près Rio-Janeiro, 615.
Vue du Rio Ambiguazu, près la ville de Nossa Senhora do Desterro, île Sainte-Catherine, 614.

———

Vue prise dans les Montagnes Bleues (Nouvelle-Hollande), 359.